ANNUAIRE
TÉLÉTRAVAIL
TRAVAILLE À DISTANCE
POUR LES COMPTABLES
INDÉPENDANTS

34 SITES INTERNET
INDISPENSABLES ET FIABLES

Tous droit réserver

ISBN : 978-2-37795-037-9

ALI DIAK
ISSACAR ÉDITION

LICENCE

MENTION LEGALE

Cet annuaire a été conçu à titre d'information et dans le but de présenter des sites internes permettant de trouver des missions en télétravail. Ce ne sont pas les idées propres de l'auteur. Des actions ont été menées pour rendre les informations pertinentes et à jour en date de sa rédaction. Il se peut qu'il y ait quelques erreurs.

L'éditeur et L'auteur ne sont pas responsable de l'utilisation du contenu de ce livre, de toute mauvaise interprétation… et de tout dérapage causer par la lecture des informations. Pour toute information se rattachant au domaine de votre métier, merci de consulter les spécialistes de votre domaine.

DÉDICACE

Je dédicace cet annuaire aux comptables.

J'apprécie :

* votre maîtrise des données financières, commerciales.

* l'établissement d'état de rapprochement bancaire.

* la Réalisation et suivi de trésorerie.

* l'établissement des déclarations fiscales et sociales.

Cet annuaire vous sera utile.

CONTACT

Email : issacar.edition@gmail.com

Site Internet : http://issacaredition.com/

PRÉFACE

Face à la montée du télétravail. Le travail à distance est une nouvelle tendance passionnante pour les comptables indépendants.

Grâce à la technologie d'aujourd'hui, de nombreux comptables indépendants améliorent leur vie professionnelle grâce au travail à distance ou au télétravail. Avec l'internet haut débit ultra-rapide, il est plus facile que jamais de travailler de manière flexible.

Cela peut vous aider à jongler avec d'autres engagements tels que la gestion de l'école de vos enfants, passer plus de temps avec votre famille ou simplement passer plus de temps à poursuivre d'autres intérêts.

Mais une problématique se pose, c'est que de nombreux comptables ne savent pas comment trouver des missions en télétravail et les tâches pouvant être fais.

Au travers de mon ouvrage sous forme d'annuaire, Vous saurez rapidement qu'est-ce que le télétravail ou travail à distance, les avantages, les inconvénients, l'environnement, quelques conseils...etc. Ce livre s'adresse en effet à tout comptables indépendant désirant trouver des missions en télétravail.

SOMMAIRE

I.   DÉFINITION DE TÉLÉTRAVAIL

Le télétravail ou travaille à distance est une activité professionnelle effectuée en tout ou partie à distance du lieu de travail. Il s'oppose au travail sur site, à savoir le travail effectué dans les locaux de son client. Le télétravail peut s'effectuer depuis le domicile, un télécentre, un bureau satellite ou de manière nomade (lieux de travail différents selon l'activité à réaliser), dans le cadre du travail salarié, mais aussi depuis des espaces de travail partagés (coworking), dans le cadre du télétravail indépendant.

Il est de plus en plus fréquent pour les gens d'effectuer au moins une partie de leur travail régulier à domicile plutôt qu'au bureau. La technologie a permis aux travailleurs de rester à la maison tout en étant relié au bureau par téléphone, ordinateur, modem, télécopieur ou courrier électronique.

II.   QUELS SONT LES AVANTAGES ET LES INCONVÉNIENTS DU TÉLÉTRAVAIL ?

Les principaux avantages et inconvénients du télétravail sont :

Les avantages :

- Amélioration de la santé.

- Amélioration du bonheur.

- Un style de vie plus optimiste.

- Force physique renforcée.

- Un esprit plus performant.

- Une nourriture plus performante.

- Une plus grande efficacité.

- Un temps plus libre.

- Un bien-être renforcé.

- Prêt à faire des efforts personnels.

- Élimination des transports.

- Un plus grand enthousiasme.

- Plus d'impact sur le monde du travail.

- Optimisation des tâches à réaliser.

- Davantage de temps de sommeil.

- Plus d'argent dans les poches.

- Horaires variés de travail.

- Aucune tenue pour le lieu de travail.

- Vous êtes libre de vivre n'importe où.

- Vous exercez votre travail partout.

- Une totale autonomie.

- Réduction du temps de déplacement.

- La liberté totale personnelle.

- La liberté de sélectionner son choix.

- Un salaire fixe et constant.

- Totalement autonome sur le plan financier.

- Vous choisissez avec qui vous voulez vous associer.

- Vous choisissez l'endroit où concentrer vos efforts.

- Vous choisissez la manière d'atteindre vos objectifs.

- Vous bénéficierez d'une totale liberté.

- Plus d'heures en famille.

- Vous vous déplacez rarement.

- Réduction des frais de déplacement.

- Plus de revenu financier

- Effectuez les désirs de vos cœurs.

- Le travail nomade.

- L'environnement de travail est plus plaisant.

- Élimination des distractions.

- Prise de pauses plus prolongées.

- Réduction du stress.

- Plus de concentration sur les tâches à réaliser.

Les inconvénients :

- Gestion du stress plus complexe.

- Risque plus élevé de solitude.

- Manque de discipline individuelle.

- Difficile à se gérer soi-même.

- L'isolement social.

- Difficile de dissocier la vie personnelle et professionnelle.

- S'avérer de travailler en dehors des horaires de travail habituels.

- La culture d'entreprise peut être détruite.

- Difficulté de collaborer avec les autres.

- Difficulté de communiquer avec les collègues.

- La sécurité des informations à domicile.

- Difficile de travailler entre prestataires.

- Manque de communication efficace avec les autres.

- Des problèmes techniques énormes responsabilités.

- Se conformer à toutes les dépenses.

- Usage intensif de l'ordinateur.

- Problème de surcharge de travail.

- Du mal à répartir votre temps.

- La présence est moins physique.

- Moins de réunions physiques directes.

- Moins de conversations fréquentes.

III. QUEL EST L'ENVIRONNEMENT POUR LE TÉLÉTRAVAIL

- Disposez d'un espace ou d'une pièce où il est plaisant de se concentrer.

- Avoir un espace dédié à votre travail.

- Si vous voulez vous déplacer régulièrement d'un endroit à l'autre, vous pouvez avoir un sac pour ranger vos objets.

- Il sera nécessaire de connecter les ordinateurs, téléphones et autres équipements liés à l'informatique à un parasurtenseur.

- Disposez de matériel et de logiciels performants.

- Avoir un logiciel antivirus performant, récent et régulièrement actualisé.

- Installez un pare-feu afin de garantir la protection des données informatiques essentielles.

- Installez une armoire et un bureau sécurisés.

- Disposez d'une bougie parfumée ainsi que de votre photo, cela vous donnera une puissante source de motivation.

- Assurez-vous d'avoir un éclairage adéquat dans votre bureau, afin de maintenir la tension tout au long de la journée.

- Procurez-vous de magnifiques fournitures et meubles de bureau afin de rendre votre bureau un lieu que vous appréciez.

- Prenez des fleurs magnifiques et enrichissez vos murs d'art.

- Assurez-vous d'avoir un disque dur spécialement conçu pour sauvegarder tous vos fichiers essentiels à chaque fois qu'un événement survient.

- Ayez une chaise de bureau confortable pour votre dos et pour votre cou.

- Il est conseillé de placer vos pieds sur le sol ou d'utiliser un repose-pied.

- Il est préférable que votre bureau de travail soit bien ventilé.

- Disposez sur votre bureau les accessoires décoratifs que vous préférez.

- Veillez à ce que vous ayez une connexion Internet rapide et fiable qui vous permettra de passer des appels vidéo.

- Choisissez une surface spacieuse afin de simplifier l'ensemble de votre équipement.

- Organisez un système de classification des documents essentiels.

- Il est essentiel que votre bureau soit placé à la hauteur adéquate pour faciliter le travail.

- Il est essentiel que votre colonne vertébrale soit correctement soutenue par un dossier.

- Gardez votre ordinateur et vos logiciels en bonne santé, car cela revêt une grande importance pour vous.

- Gardez proche de vous vos moyens et vos outils pour le travail.

- Il est nécessaire de conserver les matériaux et les équipements dans une zone sèche, afin de les préserver des dommages et des abus.

- Éteindre le matériel informatique lorsqu'il n'est pas en service.

- Avoir la température et à l'éclairage suffisants.

- Mettre une quantité suffisante de lumière pour lire.

- La porte du bureau restera fermée pour bénéficier d'une véritable solitude.

- Utilisez un éclairage artificiel pour garantir un éclairage adéquat.

- Votre bureau de travail devra être bien ventilé et éclairé.

- Choisir une pièce de chez vous proche de la lumière naturelle.

- Rendre votre bureau en un lieu qui vous inspire.

IV.   QUELQUES CONSEILS POUR TÉLÉTRAVAILLER

CONSEIL SUR L'ORGANISATION

- Préparez une zone de travail propice à votre productivité.

- Si vous avez des enfants, cherchez un espace chez vous où vous concentrer sans être perturbé.

- Choisissez une région isolée qui ne sera pas perturbée.

- En cas d'inscription de vos enfants à l'école, saisissez le moment de tranquillité pour étudier.

- En cas de jeunes enfants, il est préférable de travailler pendant que ces derniers se reposent.

- Organisez un emploi du temps officiel pour vous rendre au travail.

- Différez votre emploi du temps professionnel de votre moment personnel.

- Veillez à accorder des heures précises à votre activité, comme si vous étiez réellement impliqué dans l'entreprise.

- Faites savoir à vos proches que vous êtes en temps de travail.

- Créez un plan d'exercice adapté à vos besoins.

- Veillez à respecter les horaires de travail.

- Utilisez efficacement le courrier électronique.

- Réservez un coin à part dans une pièce pour des échanges virtuels, en utilisant une webcam.

- Listez les actions à accomplir et indiquez les activités qui ont été réalisées en fin de la journée.

- Commencez la première activité le matin en préparant les tâches du lendemain la veille.

- Mettez en place des objectifs à atteindre.

- Chaque jour, commencez et terminez à la même heure.

- Analysez votre liste de tâches à accomplir et choisissez ce que vous allez faire.

- Préparez un emploi du temps et suivez-le.

- Assurez-vous de planifier votre journée comme si c'était un jour de travail ordinaire.

CONSEILS SUR LE BIEN-ÊTRE

- Travaillez dans des endroits de travail collaboratif.

- Passez fréquemment du temps en compagnie d'amis.

- Allez et venir dans votre domicile tout en échangeant au téléphone.

- Passez 30 minutes pour vous déplacer vers un nouvel endroit pour le déjeuner.

- Choisissez un casque à mains libres.

- Faites une promenade à l'extérieur de la maison, avant de commencer une autre tâche.

- Prenez régulièrement des pauses au quotidien afin d'éviter la fatigue et les distractions.

- La transition vers une nouvelle décoration peut avoir un impact bénéfique sur votre efficacité.

- Interagir avec d'autres individus qui peuvent, de même, résider dans la résidence.

- Préparez votre repas à la veille des tâches.

- Mise en marche de l'alarme environ toutes les heures afin de vous étirer.

- Réduire l'accès aux médias sociaux.

- Éteindre la sonnerie de votre téléphone portable privé.

- Lorsqu'il fait beau, vous pouvez assister à des conférences téléphoniques tout en vous promenant.

- Écoutez de la musique qui convient au travail.

- Portez d'élégantes tenues.

- Vous pouvez préparer ou vous déplacer pour chercher du café.

- Prenez le temps de faire quelques pas toutes les heures ou deux.

CONSEIL PRÉVENTIF

- Veillez à avoir une connexion Wi-Fi mobile suffisante en cas de souci.

- Assurez-vous de conserver deux ordinateurs, l'un pour votre travail et l'autre pour votre usage personnel.

- Conservez un numéro de téléphone séparé.

- Avant de débuter le télétravail, il est indispensable de se procurer du matériel ou des instruments spécifiques.

CONSEIL ÉCONOMIQUE

- Éteignez votre ordinateur et autres dispositifs électroniques pendant leur absence d'utilisation.

- Utilisez des éclairages LED, qui ont une consommation d'énergie inférieure à celle des ampoules classiques.

- En cas d'absence, mettez en marche la climatisation ou le chauffage.

- Utilisez des dispositifs économiques en énergie.

- Imprimez seulement les documents quand cela est indispensable.

- L'éclairage doit être éteint lorsque vous quittez la pièce.

CONSEIL COLLABORATIF

- Mettez-vous fréquemment en relation avec les membres de votre équipe.

- Donnez à votre équipe des calendriers partagés.

- Faites savoir à vos collègues vos heures d'ouverture du bureau.

- En communiquant régulièrement avec vos collègues, vous pourrez favoriser votre collaboration continue et renforcer votre sentiment d'intégration à l'entreprise.

- Mettez en place des conférences afin de maintenir une connexion avec votre équipe et de contribuer à des projets.

- Engagez-vous dans des discussions sociales.

- Inscrivez-vous à un groupe de soutien destiné aux employés à distance.

- Réfléchissez régulièrement à votre supérieur.

- Informez votre supérieur de vos accomplissements et sollicitez de l'assistance si besoin.

CONSEILS POUR ATTIRER

- Réalisez un CV professionnel et attirant.

- Détaillez vos compétences.

- Exposez vos expériences et vos accomplissements.

- Partagez des illustrations de projets passés, c'est-à-dire ce que vous avez réalisés.

- Incluez des termes appropriés dans le titre de votre profil, ce qui facilitera la recherche par les clients.

- Veillez à une prestation de qualité supérieure.

- Donnez une réponse prompte aux interrogations et aux requêtes.

- Préparez-vous à faire front aux critiques.

- Utilisez les retours pour améliorer vos prestations et votre image de marque.

- Assurez-vous de suivre les dernières nouveautés pour garantir que vos services restent toujours adaptés.

- Utilisez une photo de qualité supérieure.

- un identifiant d'utilisateur adapté à votre marque.

- Décrivez en détail la procédure, incluant vos activités et les raisons de Votre Excellence dans ce domaine.

- Soyez souple et adaptable.

- Offrir des biens et des services de haute qualité.

- Observez les attentes de vos clients.

- Faites attention aux délais de livraison.

- Assurez-vous de répondre aux messages des prospects.

- Proposez un remboursement en cas de soucis.

- Promouvez votre marque auprès de clients potentiels.

- Faites partie des forums et des groupes de discussion afin d'être reconnu sur ces plateformes de travail à distance.

- Mettez en place des promotions ou des avantages pour attirer des clients novices.

- Proposez des services additionnels qui permettront d'accroître vos revenus.

- Faites preuve de patience.

- Gardez une mentalité positive.

- Faites paraître des photos ou des vidéos de vos projets passés.

- Proposez des recommandations et des idées dans votre domaine d'expertise.

- Établir des tarifs accessibles.

V.   LES TÂCHES POUVANT ÊTRE FAIT EN TÉLÉTRAVAIL

En tant que comptable indépendant, voici une compilation des tâches encore convoitées par les internautes que vous pouvez effectuer à distance ou en télétravail.

Cette liste peut être ajoutée dans vos textes ou dans les services que vous proposez.

Cela vous aidera à attirer davantage de clients vers votre profil.

NB : **Respectez l'orthographe exacte de ces mots référencés, car ce sont les plus consultés sur Internet.**

- comptabilité bilan
- comptabilité analytique
- comptabilité générale
- comptabilité salaire
- amortissement comptabilité

- comptabilité approfondie

- provisions comptabilité

- comptabilité des sociétés

- comptabilité journal

- comptabilité société

- comptabilité balance

- cours de comptabilité

- comptabilité financière

- journal comptabilité

- journalisation comptabilité

- comptabilité de gestion

- comptabilité et finance

- finance comptabilité

- comptabilité lettrage

- grand livre comptabilité

- comptabilité immobilisation

- immobilisation comptabilité

- cours de comptabilité générale

- comptabilité d'engagement

- comptabilité et gestion

- comptabilité en excel

- comptabilité publique

- comptabilité bancaire

- comptabilité client

- comptabilité contrôle audit

- comptabilité entreprise

- escompte comptabilité

- examen national comptabilité

- comptabilité fournisseur

- facture d'avoir comptabilité

- comptabilité gestion

- rapprochement bancaire comptabilité

- comptabilité de trésorerie

- dépréciation comptabilité

- comptabilité image

- image comptabilité

- comptabilité variation de stock

- variation de stock comptabilité

- comptabilité agricole

- gestion comptabilité

- comptabilité tva

- comptabilité budgétaire

- comptabilité finance fiscalité

- comptabilité trésorerie

- comptabilité de caisse

- comptabilité d'entreprise

- comptabilité et fiscalité

- note de frais comptabilité

- acompte comptabilité

- comptabilité française

- comptabilité personnelle

- comptabilité carbone

- comptabilité copropriété

- comptabilité et gestion des entreprises

- comptabilité immobilière

- comptabilité restaurant

- comptabilité générale et analytique

- comptabilité intermédiaire

- comptabilité notariale

- comptabilité privée

- comptabilité luxembourg

- comptabilité simple

- comptabilité taxi

- comptabilité université

- vérification de comptabilité

- comptabilité journal de banque

- comptabilité écologique

- comptabilité recette dépense

- comptabilité rapprochement bancaire

- comptabilité sociale

- comptabilité hospitalière

- comptabilité hôtelière

- comptabilité journal grand livre balance

- comptabilité multi capitaux

- comptabilité tiers

- comptabilité vente

- véhicule de tourisme comptabilité

- comptabilité juridique

- comptabilité restaurant excel

- comptabilité youtube

- comptabilité énergétique

- comptabilité vente de marchandise

- comptabilité élémentaire

- comptabilité économique

- comptabilité journalière

- comptabilité judiciaire

- comptabilité vente immobilisation

- grand livre comptable

- écriture comptable

- journal comptable

- balance comptable

- comptabilité d'exercice

- comptabilité des projets

- comptabilité générale s2

- rapprochements bancaires

- comptabilité financière

- compte de résultat prévisionnel

- bilan et compte de résultat

- audit et contrôle de gestion

- finance et comptabilité

- compte de résultat et bilan

- bilan compte de résultat

- comptabilité nationale

- gestion et comptabilité

- contrôle fiscale entreprise

- bilan des entreprises

- compte de résultat comptabilité

- comptabilité publique

- comptabilité et audit

- fiscaliste comptable

- comptable fournisseurs

- résultat fiscal

- bilan simplifié

- comptabilité fournisseurs

- stock comptabilité

- bilan comptable simplifié

- expert fiscaliste

- bilan d'une entreprise

- bilan comptable et compte de résultat

- compte comptabilité

- le rapprochement bancaire

- audit expert

- bilan auto entrepreneur

- bilan comptable association

- trésorerie comptabilité

- compte client comptabilité

- réconciliation bancaire

- comptabilité analytique de gestion

- bilan comptable auto entrepreneur

- compte de résultat association

- bilan annuel entreprise

- comptabilité fiscale

- contrôle audit

- résultat comptable

- tenue de la comptabilité

- conseil comptable

- expert comptable association

- caisse comptabilité

- comptabilité des société

- la comptabilité de gestion

- la comptabilité des sociétés

- comptabilité double

- compte comptable carburant

- compte comptable fourniture de bureau

- traitement comptable

- expert comptable agricole

- comptabilité d'une association

- comptable personnel

- carburant compte comptable

- compte comptable électricité

- compte comptable site internet

- compte comptable sous traitance

- compte sous traitance

- bilan micro entreprise

- comptabilité familiale

- comptabilité commerciale

- la comptabilité bancaire

- la comptabilité budgétaire

VI.   LES OUTILS POUR LE TÉLÉTRAVAIL

Des outils pratiques vont faciliter vos travaux à distance.

Voici ci-dessous la liste de ces outils et les liens vers les éditeurs.

1 - les outils de gestion de projet

Trello

Trello est un outil qui gère vos projets en ligne. La version de base est gratuite, tandis que celle payante fournit d'autres services.

https://www.trello.com/

Asana

Asana est une application pour la gestion des tâches avec des vues en tableau, en calendrier

https://www.asana.com/fr

2 - Les outils d'accès à distance

TeamViewer

TeamViewer est un logiciel de maintenance à distance propriétaire avec des fonctions de bureau à distance et de gestion à distance.

https://www.teamviewer.com/fr/

Remote PC

Remote PC fait que L'ordinateur distant peut utiliser n'importe quel navigateur pour se connecter à l'ordinateur du client dans une session sécurisée sans installer de logiciel.

 https://www.remotepc.com/

3 - Les outils de transfert de fichier

Google Drive

Google Drive est un outil de stockage et de partage de fichiers en ligne, créer par google

https://www.google.com/intl/fr/drive/

Dropbox

Dropbox est un service de stockage et de partage en ligne fourni par Dropbox

https://www.dropbox.com/

4 - Les outils d'appels vidéo et de partage d'écran

Zoom

Zoom est un outil de communications permettant d'organiser des réunions avec plusieurs participants

https://www.zoom.us/

Jitsi Meet

Jitsi Meet Une solution gratuite et sécurisée pour votre visioconférence. Le service bénéficie d'un son et d'une vidéo, qui peuvent vous aider à échanger à distance avec des appareils.

https://meet.jit.si/

VII.   COMMENT TROUVER DES MISSIONS EN TÉLÉTRAVAIL

Pour rechercher du travail à distance, vous pouvez vous inscrire sur plusieurs sites de travail à distants en comptabilité. Ces sites fournissent des milliers de missions aux comptables indépendants à l'international. Les comptables indépendants peuvent trouver certains avantages grâce à ces sites de télétravail.

Ces avantages sont :

• Sécurité, résolution des litiges, garanties de paiement et contrats

• Le gain de temps. Puisque des missions existent déjà sur ces sites,

Chaque plateforme de télétravail à son propre mécanisme. Le principe est de lier les comptables indépendants à des entreprises.

Le coût général de l'inscription sur les plateformes de travail à distant.

Il existe 3 méthodes de tarification différentes :

La tarification gratuite : Il permet de s'inscrire gratuitement sans payer de frais. Habituellement, le coût est supporté par l'entreprise.

La tarification mensuelle : Cela permet de trouver des missions en payant XX euros par mois.

Le taux de commission des plateformes de travail à distant

Les taux de commission varient de 0% à 20% du montant payé par le client au comptable. Tout dépend de la stratégie de chaque plateforme.

Les types de mise en contacts qui existent sur ces plateformes de télétravail sont :

1 Les mises en contacts des comptables indépendants avec les clients

Les comptables indépendants consultent les demandes des clients puis exécutent le travail demandé.

Les comptables indépendants ont la possibilité de poser des questions aux clients pour obtenir des informations plus détaillées sur la demande.

2 Les mises en contacts des clients avec les comptables indépendants

Les clients consultent les services proposés par les comptables indépendantes et commande les prestations équivalentes à leurs recherches.

Les clients peuvent choisir de demander aux comptables indépendants des informations plus détaillées sur les services qu'ils fournissent.

J'ai trié et sélectionné 34 sites web avec de travail à distance à travers le monde. Certains sites utilisent le français, tandis que d'autres utilisent l'anglais. Ils sont illustrés par types, par méthode.

1 - Les sites internet dont le coût est gratuit à l'inscription

A - Ceux dont le client se met en relation avec le freelance

1.Upwork

Upwork propose des services dans le monde entier. Il est ouvert aux comptables indépendants du monde entier. Le site est en anglais. Les commissions sont comprises entre 5% et 20%. Mode de paiement par paypal.

https://www.upwork.com/

2. Comeup

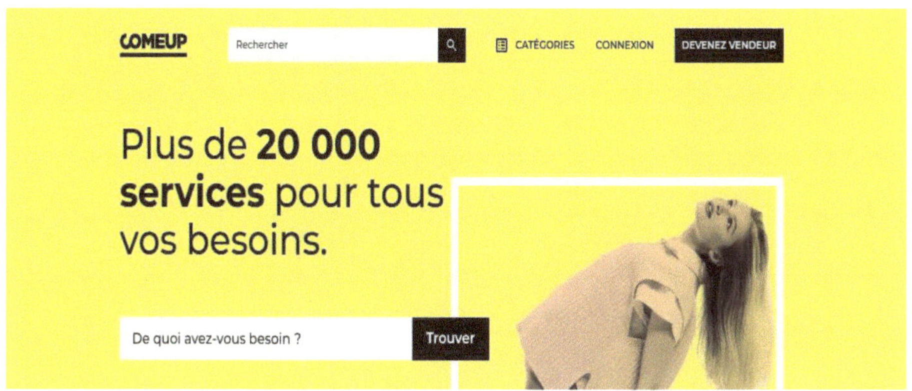

Comeup est un site français propose des services dans toute l'Europe. Il est ouvert aux comptables indépendants venant de la Belgique, la France et la suisse. Pour l'offre gratuite, la commission prise par le site est de 20% hors taxe.

Pour l'offre de Comeup Plus, le site ne prendra plus que 1 € de commission.

Mode de paiement par Paypal et autres.

https://www.comeup.com/fr/

3.Fiverr

Fiverr est un site israélienne fondée en 2010. Il propose des services dans le monde entier. Il est ouvert aux comptables indépendants du monde entier. Le site est en français Anglais, Allemand, Espagnol, Portugais, Italiens, Nederland, la commission prise par le site est de 20% à chaque transaction. Une fois que vous avez terminé la commande d'un client, l'argent est transféré sur votre compte. Mode de paiement par paypal.

https://fr.fiverr.com/

4.Guru

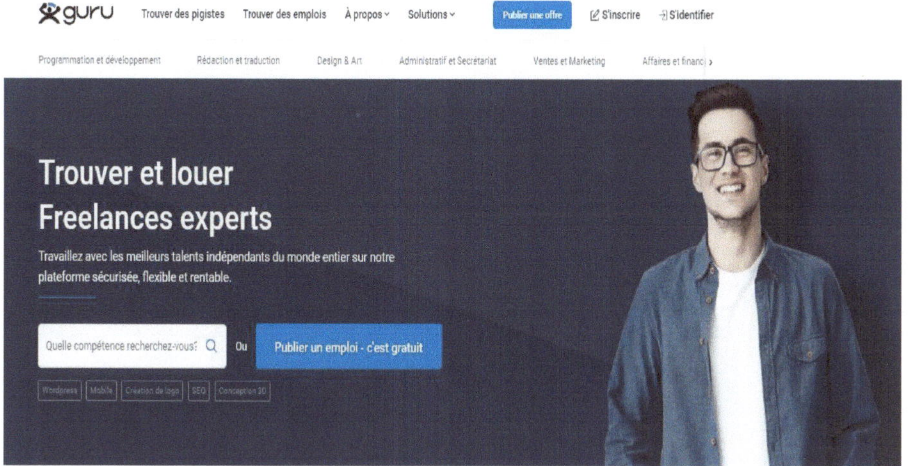

Le taux de commissionnement est de 9 °/°, Le site est en anglais. Vous êtes payé À l'heure ou sur les tâches ou en paiement récurrent. Le site est ouvert aux comptables indépendants du monde entier. Le paiement se fait par carte de crédit, PayPal, eCheck (États-Unis uniquement) et virement bancaire.

https://www.guru.com/

5. Hubstaff Talent

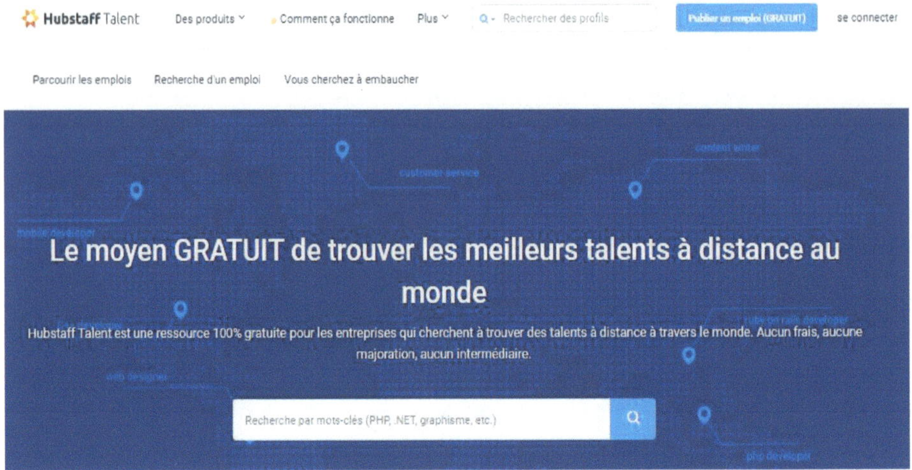

Hubstaff Talent regroupe les comptables du monde entier. Vos clients vous viennent de partout le monde. Aucun frais de commission. Le site est en anglais.

Le site est ouvert aux comptables indépendants du monde entier.

https://talent.hubstaff.com/

6. Freelance

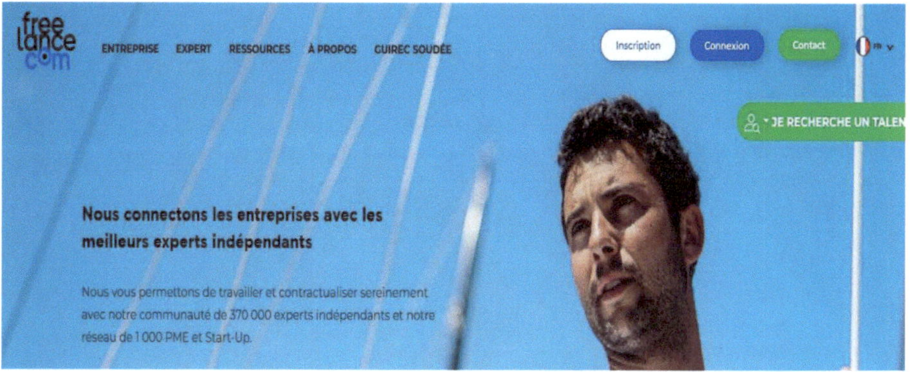

Freelance.com est un site web Français de travail à distance.

Il facilite la relation entre les freelances et les clients.

Elle est gratuite pour les télétravailleurs indépendants.

Les entreprises vous contacteront afin d'établir un devis, si votre profil est intéressant.

Le client doit payer une commission de 12,5 % sur freelance.com.

Le paiement s'effectue 24 heures après la réalisation

https://www.freelance.com/

7. Truelancer

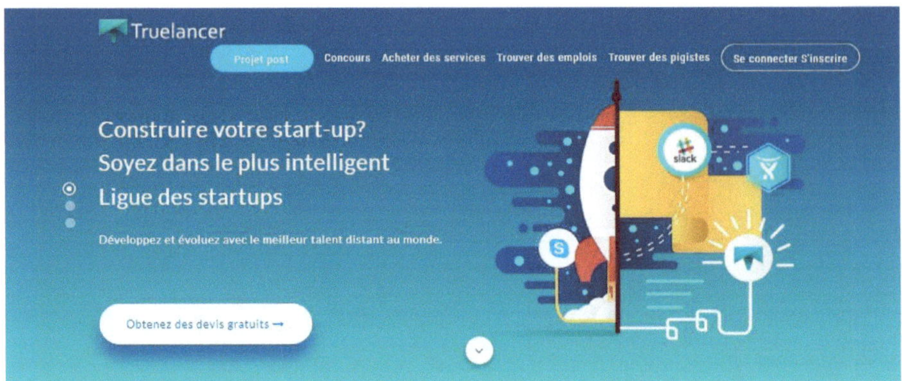

Truelancer est un site indien en anglais. Il est ouvert aux comptables indépendants du monde entier, des frais de service de 8% à 10% sur toutes les œuvres facturées conformément à leur plan d'adhésion Virement bancaire et d'autres moyens de paiement.

https://www.truelancer.com/

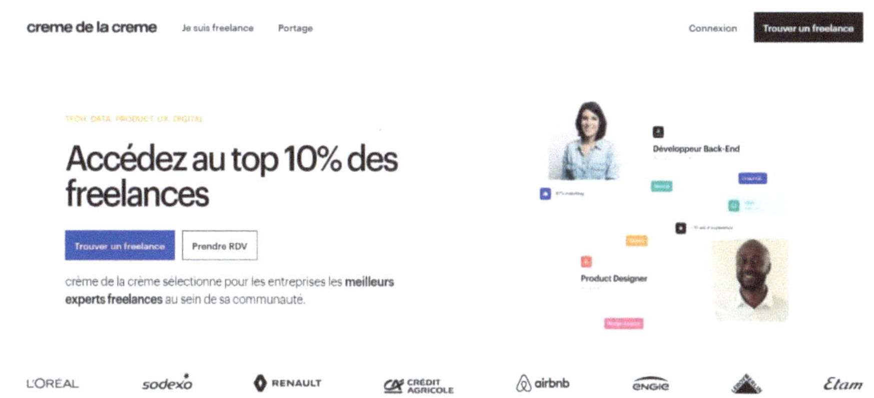

La plateforme française Cremedelacreme. Il s'adresse aux travailleurs indépendants du domaine technologique en France et en Europe. Si vous remplissez ces deux conditions : 3 ans d'expérience en freelance et être immatriculé fiscalement, vous pouvez vous inscrire gratuitement.

Une fois l'inscription terminée, vous devez attendre que l'équipe vérifie avant d'accéder aux tâches sur la plateforme.

Vous pourrez enfin recevoir des tâches correspondant à votre profil après vérification de votre inscription.

La plateforme facture une commission de dix-huit pour cent sur chaque tâche accomplie. Chaque pigiste reçoit sous 48 heures son paiement par virement bancaire.

https://www.cremedelacreme.io/

9. Malt

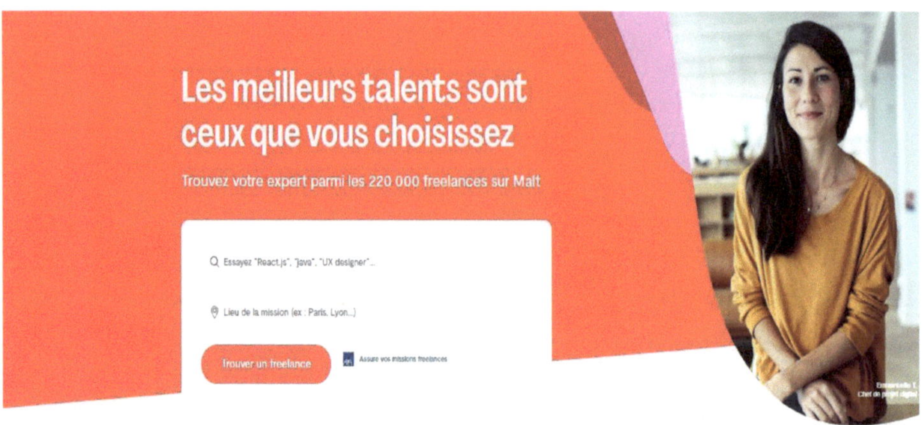

Il s'agit d'un site internet traduit en plusieurs langues il met en relation les comptables indépendants avec des clients. Il a été créé en 2013 travaille qu'avec les comptables indépendants résidant en France et en Europe. Après validation de vos travaux par le client, Malt vous paiera. La commission de malt est de 5 à 10% du montant que vous facturez aux clients.

https://www.malt.fr/

404works est un site de freelance français traduit en anglais. Le site est ouvert aux comptables français et étrangers. Il ne prenne aucune commission, la mise en relation est directe. Le Paiement se fait par carte bancaire 100% sécurisé en ligne (Stripe).

https://www.404works.com/fr

11.Les bons freelances

Vous répondez aux missions de comptabilité qui vous intéressent et vous recevez directement des demandes de nouveaux clients.

Le site est en français. Le site est ouvert aux comptables indépendants français.

https://www.lesbonsfreelances.com/

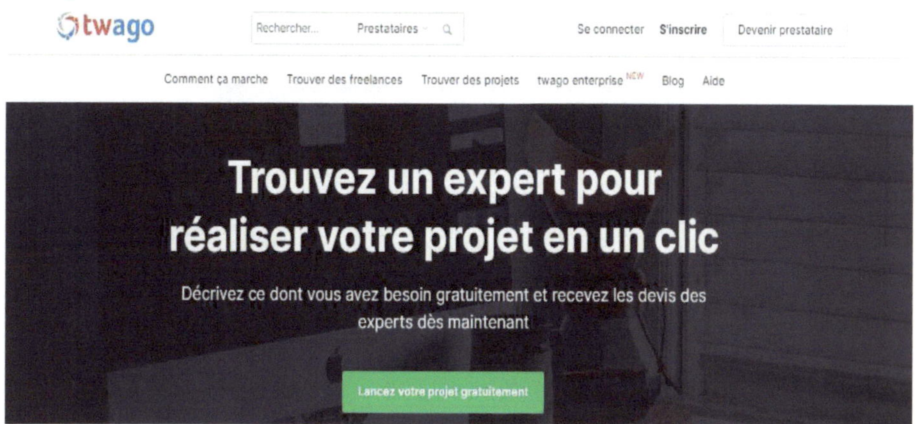

Le site est en anglais, français, allemand, espagnol, italien. Le site est ouvert aux comptables du monde entier. Le commissionnement est de 10 % et le système de paiement sécurisé est safePay.

https://www.twago.fr/

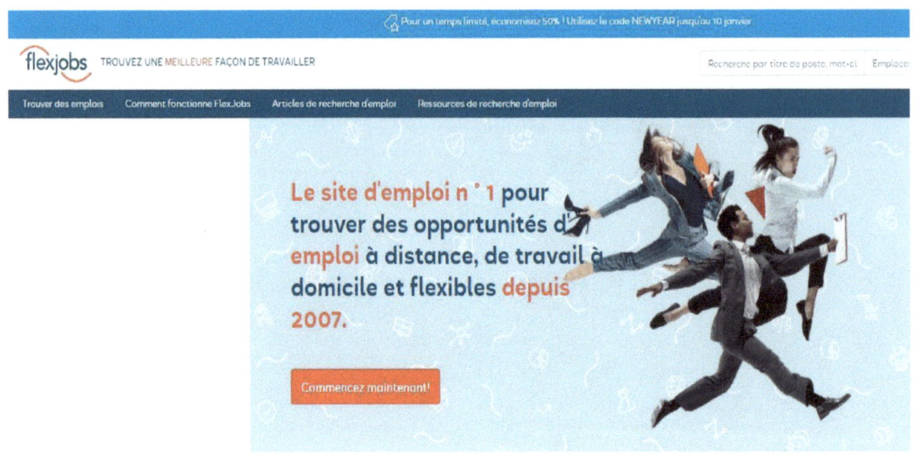

FlexJobs est un site américain. Dédié à aider le travail à domicile, emplois à distance. Le site est en anglais. Le site est ouvert aux comptables indépendants du monde entier.

https://www.flexjobs.com/

14. BeFreelancer

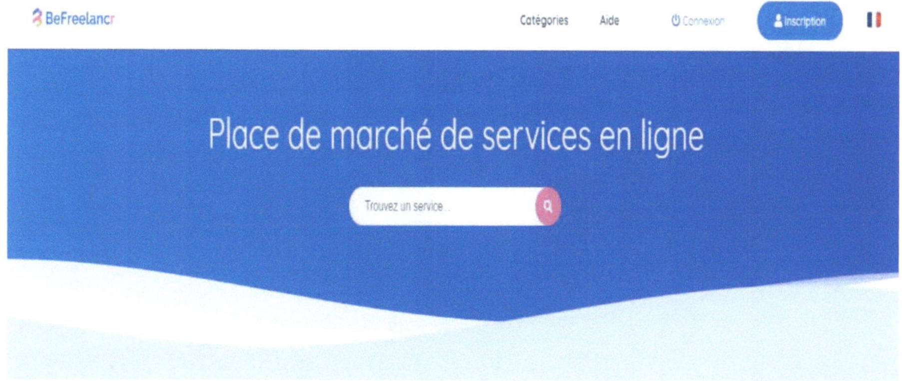

BeFreelancer est une plateforme pour les freelances francophones.

Vous pouvez publier vos services et vous inscrire gratuitement.

BeFreelance prend une commission de 60 % sur vos ventes.

Befreelancer vous paie via PayPal ou virement bancaire et vous pouvez retirer le montant disponible à tout moment.

https://www.befreelancr.com/fr

15. Toptal

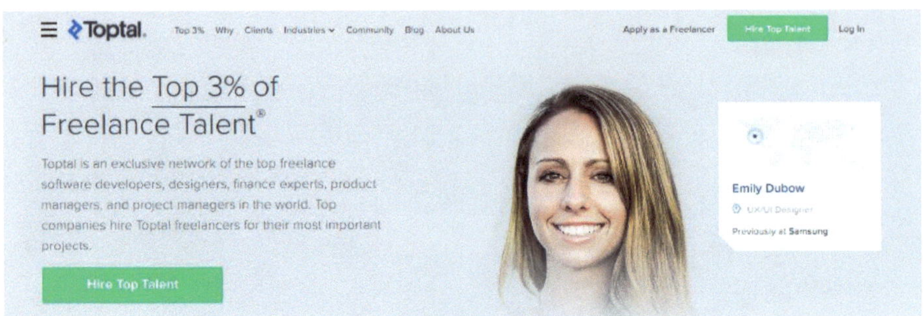

Une plateforme d'indépendants qui connecte les entreprises aux meilleurs indépendants du monde.

Bien que la plateforme ne paye pas directement les freelances, elle ajoute des frais de service à la facture du client.

Bien que l'inscription soit gratuite, le site utilise des tests pour identifier les meilleurs talents de la plateforme.

Les freelances choisis auront accès à diverses missions.

Les freelances facturent leurs prestations ensuite le site paye l'independant par virement bancaire, PayPal.

https://www.toptal.com/

16. Officeopro

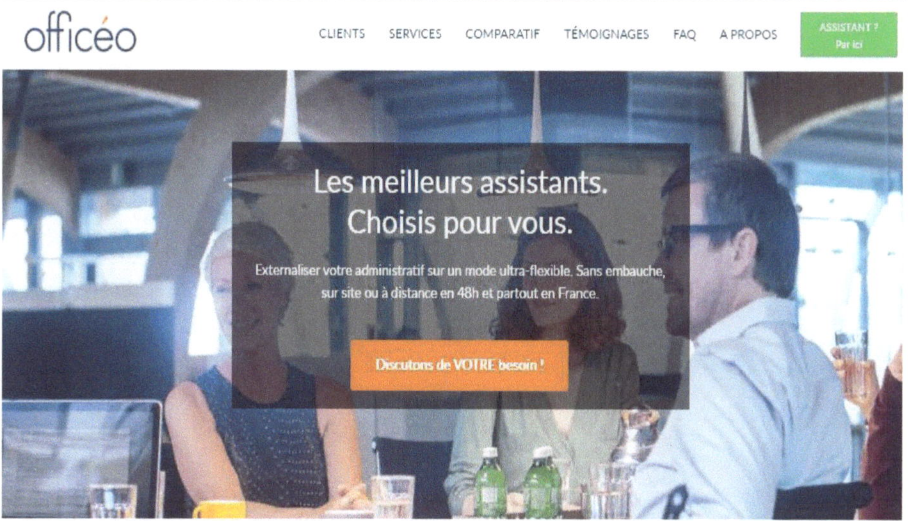

Officeopro est un site de services administratifs aux entreprises vous êtes payé par Officeopro.

Les prestations se situe uniquement sur le territoire français et DOM-TOM compris ainsi que les pays limitrophes francophones. Le site est en français

https://www.officeopro.com/

17. People Per Hour

PeoplePerHour connecte les entreprises à des comptables indépendant disponibles à l'heure ou au projet. Vous aurez accès à des projets de clients internationaux. Vos paiements se font par un compte PayPal, une carte Payoneer ou un virement bancaire. Le site est en anglais. Le site est ouvert aux comptables du monde entier

https://www.peopleperhour.com

18. Freelancer

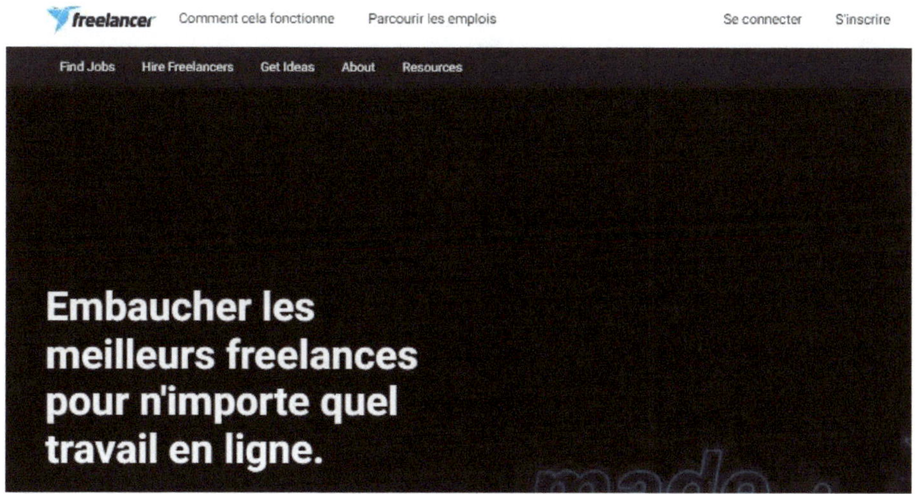

Créée en 2009, il est basé en Australie, Freelancer propose des missions variées en comptabilité, la rémunération est de 10$ à 10 000$.

Le site est en plusieurs langues. Le site est ouvert aux comptables du monde entier. Les commission prise sont de 10% pour les projets.

https://www.fr.freelancer.com/

1 - Les sites internet dont le coût est payant

A - Les sites dont le comptable se met en relation avec le client

19.Cyberworkers

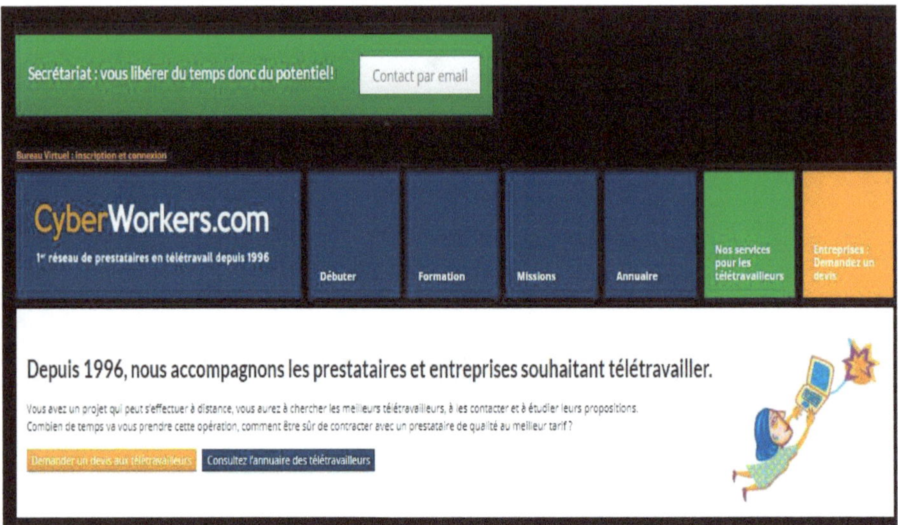

Depuis 1996, cyberworkers est un réseau de télétravailleurs mettant en relation les offres et les demandes de comptabilité. Le prix est de 780 € l'année payable en 12 fois vous avez des contacts illimités de clients. Il n'y a pas de commission, c'est le client qui vous paye directement. Le site est en français. Le site est ouvert aux comptables français.

https://www.cyberworkers.com/

20. Remote

Remote.co est une plateforme où les professionnels de divers domaines peuvent travailler à distance.

Elle connecte les travailleurs à distance aux entreprises du monde entier. Les freelances peuvent s'inscrire sans frais.

La clientèle de la plateforme est accessible à l'échelle internationale.

https://www.remote.co/

21. Jobspresso

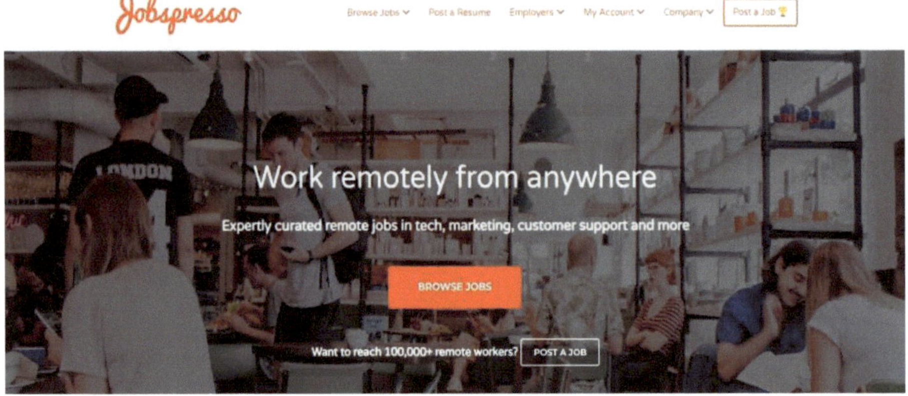

Jobspresso est un établissement mondial au Canada, dédié aux aubaines de travail à distance pour les indépendants.

Elle est gratuite pour les freelances. Vous avez l'opportunité de travailler dans le monde. Déposez votre CV et soyez contacté directement par l'entreprise.

https://www.jobspresso.co/

22. Virtualvocations

Virtualvocations est un site web américain spécialisé dans le travail à distance. Vous résoudrez des tâches de comptabilité partout dans le monde. Le site est ouvert aux comptabilités du monde entier. L'inscription est gratuite, vous pouvez ainsi profiter de réductions de mission limitées. Après vous être abonné, vous auriez de nombreuses autres tâches. 15,99 $ pour 1 mois. 39,99 $ pour 3 mois. 59,99 $ pour 6 mois. Vous communiquez directement avec les clients. Si vous êtes insatisfait du contact reçu, vous obtiendrez une garantie satisfaisante ou un remboursement. Vous pouvez payer les frais d'abonnement par carte ou PayPal.

https://www.virtualvocations.com/howitworks

23. Zeerk

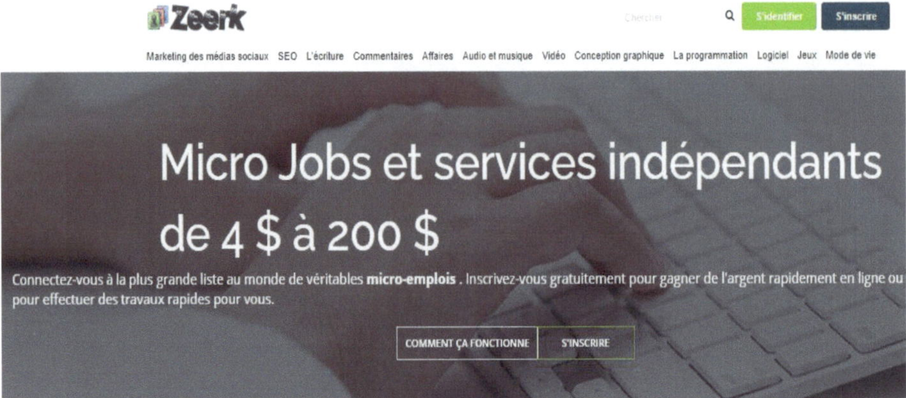

Zeerk est un site de télétravail. Il est destiné aux comptables et clients du monde entier. Ils favorisent la mise en relation entre comptables et entreprises. Les méthodes de paiement sont PayPal. La commission de leur prestation est de 10 %. Ils facturent une commission de 10 % sur vos prestations sans attente et vous êtes payé le jour de votre prestation.

https://www.zeerk.com/

24. Wordclerks

Wordclerks est un site de travail à distance basé aux états unis, destiné aux comptables et clients du monde. Le mode de paiement est par PayPal, ou Carte Bancaire. La commission prise est de 15 %.

https://www.wordclerks.com/

25. Khdemti

Khdemti est un site français de télétravail mettant en contact comptables et entreprises du monde entier. Khdemti retient aucuns frais de commission sur chacun de vos projets terminés. En revanche, ils servent d'arbitrage en cas de problème. Le site est disponible en anglais également.

https://www.khdemti.com/

26. Hubstaff Talent

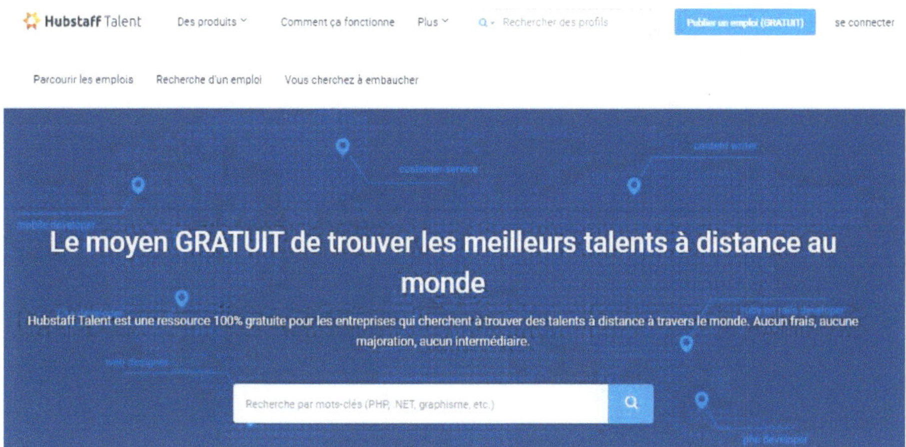

Hubstaff Talent regroupe les comptables du monde entier. Vos clients vous viennent de partout le monde. Vous pourriez rapidement créer une équipe de comptables à distance sans aucuns frais ni majoration.

https://talent.hubstaff.com/

27. Humaniance

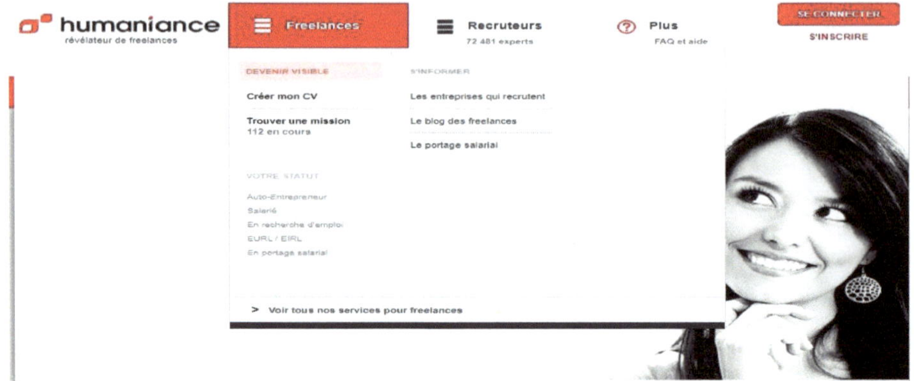

Humaniance propose des offres de missions pour les comptables. L'inscription est gratuite. Il aide à développer votre activité.

http://www.humaniance.com/

28. Codeur

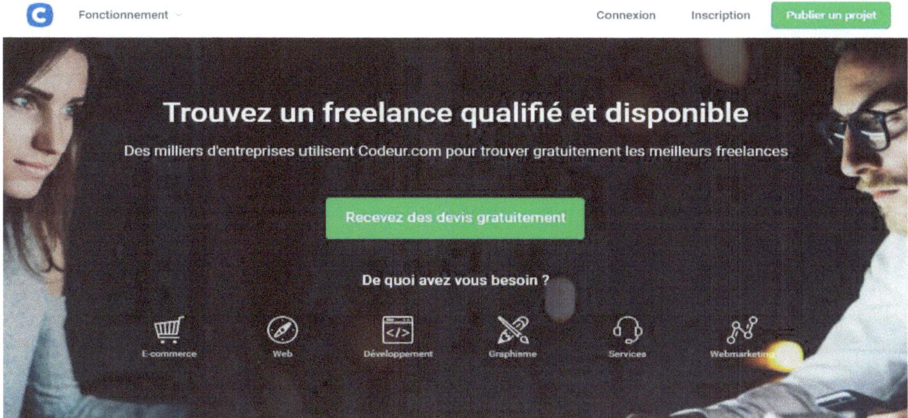

Codeur vous permet de trouver des missions pour les comptables en freelances. De nombreuses entreprises font appel aux comptables.

https://www.codeur.com/

29. Seoclerks

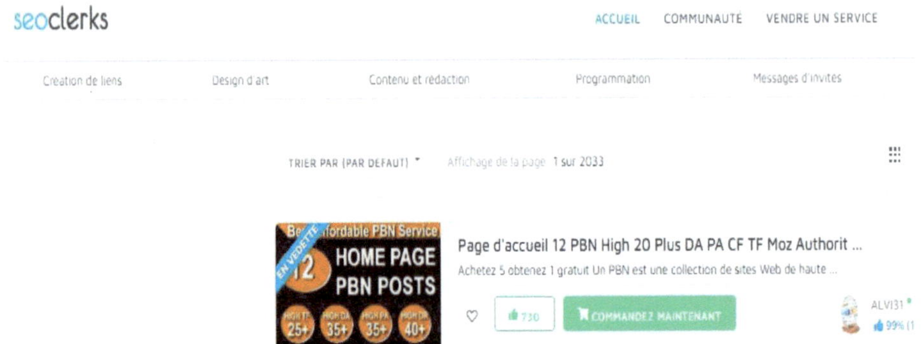

Seoclerks est site qui assure les services aux entreprises et aux comptables.

https://www.seoclerks.com/

30. Freelance-info

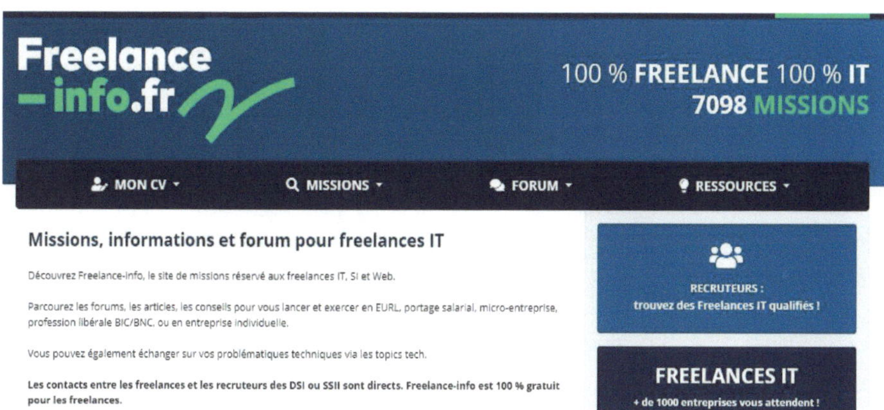

Les contacts entre les comptables et les clients sont directs.

L'inscription est 100 % gratuit pour les comptables.

https://www.freelance-info.fr/

31. Dice

Dice demeure le meilleur endroit pour vos prestations de comptables. Vous pouvez vous mettre devant les opportunités.

https://www.dice.com/

32.Airjob

Vous pouvez sans même avoir créé de compte navigué à travers le site et rechercher les missions exceptionnelles qui pourraient vous plaire.

Une fois vos missions ciblées, il vous suffit naturellement de vous inscrire pour pouvoir postuler. Vous aurez à renseigner d'informations claires. Vous pourriez entrer en contact avec les entreprises qui vous intéressent.

https://www.airjob.fr/

33. Workingnomads

WorkNomads est une plateforme mondiale qui offre des missions freelances à distance.

Elle s'est mise en contact avec des professionnels, qui coopèrent avec des entreprises à distance.

Les freelances peuvent s'inscrire sans frais. La mise en relation avec le futur client est directe.

En revanche, Working Nomads facture les entreprises qui diffusent des offres de travail.

https://www.workingnomads.com/jobs

34. Fourerr

Fourerr est un endroit où vous pouvez vendre vos prestations de comptables et gagner de l'argent.

https://www.fourerr.com/

CONCLUSION

Le télétravail s'est constamment développé ces dernières années et réussit de plus en plus. Vos activités indépendantes seront de plus en plus efficaces et productives. Le télétravail apportera une meilleure valeur à tous vos prestations.

Cela vous permettra de développer une clientèle mondiale. Vous avez juste besoin d'une bonne organisation pour réussir. Tous ces sites web invoquer et détaillés dans cet écrit vous aideront à atteindre vos objectifs futurs.

A Propos de l'auteur

Je suis Ali Diak et j'ai obtenu un diplôme en Webmaster, Développeur Web, Webdesign, consultant web, créateur de sites web Webdev, Prestashop et Wordpress.

Depuis plus de 12 ans, je travaille en tant qu'entrepreneur pour les entreprises et les particuliers pour toutes les tâches liées à l'internet.

L'objectif de mon livre est d'assister tous les professionnels dans la recherche de missions, de marchés et de services en utilisant des sites internet fiables, solvables et sécurisés provenant de tous les coins du globe.

Les professionnels pourront se dédier à leurs activités grâce à ce livre sous forme de guide ou d'annuaires, sans perdre de temps à effectuer des recherches sur internet.

Demande Avis

Avez-vous aimé ce livre ? Dites-nous ce que vous en avez pensé !

Votre commentaire nous aidera à améliorer nos futurs livres.

Email : issacar.edition@gmail.com

Votre avis est précieux pour nous

Biographie Auteur

Ali Diak a été formé à l'informatique et aux mathématiques

depuis l'âge de 6 ans.

Elle a enseigné les mathématiques à des enfants, des adolesc

ents et des adultes de tous âges.

Depuis 13 ans, elle dirige une société informatique

au service des entreprises et des particuliers.

Ses expériences professionnelles lui ont permis de reconnaître

 plusieurs problématiques liées au web.

Elle parvient à donner des solutions grâce à ces initiatives.

Également consacrée à l'écriture, elle sort son premier livre,

"Qu'est-ce qu'un blog ?" en 2018.

Depuis, elle saisit les opportunités de sortir des livres afin

d'aider les lecteurs et les personnes qui utilisent Internet.

Tous les sites web facilitent une navigation simple

et sécurisée sur Internet.

Ali Diak a employé la même méthode pour évaluer

l'authenticité de chaque site répertorié dans ces livres comme

guide ou annuaire et évaluera fréquemment l'état de ces sites.

Très impliquée dans l'industrie de l'édition du livre, elle est

propriétaire du site Internet « issacaredtion.com » qui

regroupe tous ces livres.

Plusieurs livres sont actuellement disponibles à l'achat

sur cette plateforme.

Bénéficiez de ces conseils et expériences pour avancer

dans le monde d'Internet.

Ali Diak vous encourage à vous abonner et à la suivre

sur plusieurs pages afin d'être au courant des prochains

livres.

Livres de l'auteur

Ali Diak est un écrivain prolifique qui a publié de nombreux autres ouvrages. Vous pouvez les retrouver sur la plateforme ou le site internet où vous l'avez initialement acquis.

- Annuaire télétravail pour Ecrivains indépendants 41 sites indispensables

- Annuaire télétravail pour Traducteur indépendant 43 sites indispensables

- Annuaire télétravail pour Comptables indépendants 34 sites indispensables

- Annuaire télétravail pour Secrétaires indépendants 35 sites indispensables

- Annuaire télétravail pour Transcripteurs indépendant 39 sites indispensables

- Annuaire télétravail pour Informaticiens indépendants 45 sites indispensables

- Annuaire télétravail pour Développeurs WinDev Webdev indépendants 40 sites

- Annuaire télétravail pour Programmeurs développeurs indépendants 44 sites indispensables

- Annuaire télétravail pour Graphistes Infographe indépendants 49 sites indispensables

- Annuaire télétravail pour Testeurs en informatique indépendants 41 sites indispensables

- Annuaire télétravail pour Photographe indépendants 37 sites indispensables

- Annuaire télétravail pour Musiciens indépendants 32 sites indispensables

- Annuaire télétravail pour Vidéastes indépendants 43 sites indispensables

- Qu'est-ce qu'un blog